Bibliographic information published by the German National Library:

The German National Library lists this publication in the National Bibliography;
detailed bibliographic data are available on the Internet at http://dnb.dnb.de .

Imprint:

Copyright © 2017 GRIN Verlag, Open Publishing GmbH
Print and binding: Books on Demand GmbH, Norderstedt Germany
ISBN: 9783668389427

This book at GRIN:

http://www.grin.com/es/e-book/352692/modelo-de-integracion-universidad-comu-
nidad-como-estrategia-de-emprendimiento

Jairo J. Simonovis Rojas

Modelo de integración Universidad-Comunidad como estrategia de emprendimiento

GRIN Publishing

GRIN - Your knowledge has value

Since its foundation in 1998, GRIN has specialized in publishing academic texts by students, college teachers and other academics as e-book and printed book. The website www.grin.com is an ideal platform for presenting term papers, final papers, scientific essays, dissertations and specialist books.

Visit us on the internet:

http://www.grin.com/

http://www.facebook.com/grincom

http://www.twitter.com/grin_com

MODEL OF INTEGRATION UNIVERSITY-COMMUNITY
AS A STRATEGY FOR ENTREPRENEURSHIP

MODELO DE INTEGRACIÓN UNIVERSIDAD-COMUNIDAD
COMO ESTRATEGIA DE EMPRENDIMIENTO

Dr. Jairo J. Simonovis R. (PD)

Presidente Fundador de la RIEAC

ABSTRACT

Conceiving the educational process at the present time closely linked to entrepreneurship, also it supposed to conceive education in an open sense, global, and permanent sense; that is, not only as an action of development an personal promotion, but as a vehicle for the sociocultural transformation of a given human context through the application of strategies that stimulate active participation and the development of a real commitment by those who are part of a community, with the objective of solving the most important problems of said community. This objective is present in this research, carried out as an answer to one of the most common criticisms to universities, specially in Latin America and the Caribbean, which is the one referring to their not attending to their social responsibility duties. The experience reflected in this research is the result of six (6) years of work in two universities which started operations to make the university – community integration feasible: one, a private institution, in which all the factors that integrate the "Greater Caracas Area" were represented; and a public one in the city of Los Teques. This experience, related to the solution of social problems, required the application of diverse strategies to summon the professors of the institutions involved, and the community leaders, as agents of social change. The former had, among other functions, the teaching of courses offered by the universities to prepare the latter in the acquisition of basic competencies as promoters of community development, and, later, in the elaboration and application of social projects. Having completed this phase, the community leaders, through the elaboration and application of their projects – a requirement for the passing of their courses – worked as multiplying agents, promoting the participation of other social actors in the courses offered by the institutions involved. To that effect, it was established as the only requirement to the incorporation into the courses, to belong to the neighbors association or any other representative association recognized by the members of their community. Previous to the application of this model, an ethnographic research, supported on hermeneutics and which demanded the collection of information through the techniques of interviews and questionnaires, was carried out. The research allows us to see how the integration university – community can provide answers to the recommendations made by UNESCO in Paris (1998) to the institutions of higher education: "…To participate actively in the solution of important problems of universal, regional, and local reach, such as poverty, hunger, illiteracy, social discrimination, inequality…" (p.10), and more recently in the "Informe de Seguimiento de la Educación para Todos en el Mundo (EPT) (UNESCO 2007)

Key words: **University, Community Education, Development.**

2

RESUMEN

Concebir el proceso educativo en los actuales momento íntimamente vinculado con el emprendimiento, supone igualmente, concebir la educación en un sentido abierto, global y permanente, es decir, no sólo como acción de desarrollo y promoción personal, sino como vehículo para la transformación sociocultural de un determinado contexto humano, mediante la aplicación de estrategias que estimulen la participación activa y el desarrollo de un verdadero compromiso por quienes forman parte de una comunidad, a fin de resolver los problemas más sentidos en la misma. Esta finalidad se evidencia en el presente trabajo realizado como respuesta a una de las mayores críticas que se le hace a las instituciones universitarias especialmente Latinoamericanas y del Caribe, como lo es, la referida al descuido de su labor social. La experiencia aquí reflejada, es producto de seis(6) años de labor en dos instituciones universitarias que abrieron sus puertas para hacer factible la integración Universidad-Comunidad; una de carácter privado donde se contó con la representación de todos los sectores que conforman la Gran Caracas y otra pública en la ciudad de Los Teques. Esta experiencia relativa a la solución de problemas sociales, requirió de la aplicación de diversas estrategias para congregar tanto a los Docentes de las instituciones involucradas y a Líderes Comunitarios como agentes de desarrollo social. Los primeros cumplieron entre otras funciones, la de dictar los cursos ofrecidos por las instituciones universitarias para preparar a los segundos en la adquisición de competencias básicas como promotores de desarrollo comunitario y luego en la elaboración y aplicación de proyectos sociales. Cubierta esta fase, los líderes comunitarios a través de la elaboración y aplicación de sus proyectos –requisito exigido para la aprobación de los cursos-, fungieron como agentes multiplicadores incentivando la participación de otros actores sociales en los cursos ofrecidos por las instituciones involucradas. A tales efectos se exigió como requisito único para la incorporación a los cursos pertenecer a la asociación de vecinos, junta de condominio, junta parroquial o cualquier otra organización representativa y reconocida por la comunidad de donde formaran parte. Previamente, a la aplicación de este modelo se requirió de la realización de una investigación de carácter etnográfico y con apoyo en la hermenéutica la cual exigió la recolección de información a través de las técnicas de entrevista y encuesta. Igualmente, la investigación permite ver de qué manera la integración universidad-comunidad puede dar respuesta a las recomendaciones hechas por la UNESCO en París (1998) a las instituciones de Educación Superior "...Participar activamente en la solución de los problemas importantes de alcance universal, regional y local, como la pobreza, el hambre, el analfabetismo, la marginación social, el agravamiento de las desigualdades..." (p.10) y recientemente en el Informe de Seguimiento de la Educación para Todos en el Mundo "EPT" (UNESCO, 2007).

Descriptores: Universidad, Educación Comunitaria, Emprendimiento.

3

INTRODUCCIÓN

El presente trabajo está referido al conjunto de actividades realizadas durante seis (6) años de labores ininterrumpidas desde la puesta en marcha del Proyecto *"Integración de los Sectores Docencia-Comunidad para la Formación de Líderes en Gerencia Comunitaria a través de una Red de Microcentros"*, mediante el cual fue posible la incorporación de líderes de diferentes Parroquias y Sectores de la Gran Caracas y cuya expansión abarcó las ciudades de Ocumare del Tuy y Los Teques en el Estado Miranda, El Consejo y La Victoria en el Estado Aragua, y Guacara en el Estado Carabobo. Dicho Proyecto fue inicialmente auspiciado y coordinado por la Universidad Santa María desde 1998-2002 y posteriormente por el Colegio Universitario de Los Teques "Cecilia Acosta" 2003-2004, hoy Universidad Territorial de Los Altos Mirándonos "Cecilio Acosta" .

La síntesis de las experiencias logradas con la aplicación del Proyecto se organizan de la siguiente manera: Justificación del Proyecto, Fundamentación teórica y legal, Concepción del Proyecto, Fase de Implantación donde se puede observar los Distritos que se lograron involucrar y los problemas de mayor incidencia en las distintas comunidades, Metodología para la aplicación de cursos, y finalmente las conclusiones obtenidas en el transcurso de su aplicación.

JUSTIFICACIÓN

La estrecha vinculación entre Universidad y Comunidad es un factor de gran relevancia como generador de desarrollo en todo país, así se tiene que toda acción encaminada en este sentido, no debe ser ajena para quien se encuentre vinculado al campo educativo.

Desde esta perspectiva, el presente trabajo refleja la culminación de una fase que exigió seis (6) años de investigación en el Sector Comunitario, mediante la aplicación del Proyecto *"Integración de los Sectores Docencia-Comunidad para la Formación de Líderes en Gerencia Comunitaria a través de una Red de Microcentros"*, en el cual participé como Coordinador del mismo y cuya responsabilidad fue entre otras, la elaboración del diseño y la estrategia para la integración de los Sectores Universidad-Comunidad mediante la creación de una Red de Microcentros, cuya finalidad era la de dar respuesta con los miembros de la comunidad a las necesidades sentidas, por diversas comunidades y a su vez la de hacer factible la integración Educación Superior-Comunidad, dando repuesta a las pertinencia social que debe de tener los diseños curriculares.

La relevancia contenida en el Proyecto implantado constituye por sí misma, un incentivo que invita a la participación activa, en circunstancias muy específicas como las que en materia de integración comunitaria requiere Venezuela, mediante acciones concretas liderizadas por las universidades para la búsqueda, diseño y aplicación de estrategias que redunden en beneficio de las comunidades en función de su realidad social.

FUNDAMENTACIÓN TEÓRICA

En los sistemas sociales se produce una interacción competitiva similar a la que se da entre los seres vivos, existe toda una lucha por la supervivencia con arreglo a la cual se producen mutaciones a las que sobreviven los mejor dotados, es decir, aquellos que evolucionan con una mayor capacidad de reacción.

De otra parte, el ambiente ejerce constantemente ciertas acciones sobre las instituciones sociales, obligando a éstas a responder mediante su adaptación o su resistencia; por tanto, su existencia y supervivencia depende de la manera como dichas instituciones se relacionan con ese medio. De esta forma, las instituciones buscan absorber los factores que dificultan su comportamiento, o bien, aprovechar aquellos otros que lo pueden favorecer; su adaptación se lleva a cabo tanto para hacer frente a la influencia negativa como para aprovechar las acciones positivas; de manera que, la institución debe ser estructurada y dinamizada en función de las condiciones y circunstancias que caracterizan el medio en que ella opera.

Paralelamente, las instituciones llevan a cabo una acción sobre el entorno, representado por los sistemas que lo forman tales como: la comunidad, la familia, el individuo, el gobierno, la ciencia y la tecnología, entre otros, y sobre los que ejerce una modificación en su comportamiento con la finalidad de orientar ciertos aspectos de ese comportamiento a su favor. Esas acciones provienen de la puesta en práctica de acciones modificativas, llevadas a cabo por decisiones que se generan en el interior de la institución, de ahí la importancia de su pertinencia y realidad social.

5

Estas reflexiones se fundamentan, en el análisis realizado sobre la teoría general de sistemas, la cual adopta una posición antagónica al concepto que tradicionalmente se tenía de las organizaciones como sistemas mecánicos, para dar paso, a una concepción de la organización como un sistemas orgánico; es decir, aquellos que permiten una concientización social de los participantes y vuelven las organizaciones colectivamente conscientes de sus destinos y de la orientación necesaria para dirigirse mejor a ellos.

Al respecto, debe considerarse que en relación al proceso evolutivo del pensamiento administrativo se han ensayado teorías que han marcado época en la manera de cómo deben administrarse y estudiarse las organizaciones. Así por ejemplo, en la década de los cincuenta con la Teoría General de Sistemas, teoría de carácter interdisciplinario, los principios del reduccionismo, del pensamiento analítico y del mecanicismo –principios que caracterizaron el enfoque clásico de las organizaciones-, fueron sustituidas por principios opuestos como el expansionismo, el pensamiento sintético y la teleología a raíz de los aportes, entre otros, del biólogo alemán Ludwig von Bertalanffy considerado el padre de la Moderna Teoría de Sistemas, porque a través de su propuesta, hizo posible trascender los problemas exclusivos de cada ciencia y de proporcionar principios generales (sean físicos, biológicos, psicológicos, sociológicos, entre otros) y modelos generales para todas las ciencias involucradas, de modo tal que los descubrimientos efectuados en cada ciencia pudieran utilizarse por las demás (Chiavenato 1.996), lo que hoy llamamos transdisciplinariedad.

El concepto de sistema pasó, de esta manera, a dominar las ciencias, principalmente, la administración. Así mismo, la palabra "sistema" tiene muchas connotaciones. De la definición de Bertalanffy, según la cual el sistema es un conjunto de unidades recíprocamente relacionadas, se deducen dos conceptos: el de propósito (u objetivo) y el de globalismo (o totalidad). La teoría también sostiene como elementos propios de todo sistema los insumos, los procesos, los productos y la retroalimentación (Bertalanffy, 1972).

Con respecto a la teoría en cuestión, existe una gran variedad de sistemas y una amplia gama de tipologías para clasificarlos de acuerdo con ciertas características básicas. En cuanto a su constitución, los sistemas pueden ser *físicos* o *abstractos*. Son sistemas físicos o concretos los compuestos por equipos, por maquinarias, por objetos y por cosas reales (hardware). Los sistemas abstractos están compuestos por conceptos, planes, hipótesis e ideas (software). En cuanto a su naturaleza los sistemas pueden ser *cerrados* o *abiertos*. Los sistemas cerrados no presentan intercambio con el medio que los rodea, es decir, son herméticos a cualquier influencia ambiental, son los llamados sistemas mecánicos (máquinas). El concepto de *sistema abierto* puede ser aplicado a diversos niveles de enfoque: al nivel del individuo, al nivel del grupo, al nivel de la organización y al nivel de la sociedad, pudiendo abarcar desde un microsistema hasta un suprasistema. En términos más representativos, puede aplicarse tanto para representar una célula como el universo.

Las organizaciones, vistas como sistemas, tienen en su seno partes que reúnen características propias de éstos, a los cuales se les llama subsistemas (Barajas, 1990). Al mismo tiempo, las organizaciones pertenecen a la sociedad la cual se relacionan de manera inseparable y ésta, a su vez, se comporta como otro sistema poniendo en evidencia el concepto teórico de suprasistema.

El enfoque de sistema, como elemento de estudio de la realidad, permite analizar con la misma facilidad y metodología los diversos campos del conocimiento. Como se señaló anteriormente, sus principios se aplican tanto a la administración, como a la biología, la física, las ciencias sociales, surgiendo el concepto de sistemas biológicos, sistemas físicos, sistemas sociales, etc. De hecho, los primeros estudios referenciales de Bertalanffy en cuanto a sistemas fueron realizados en el mundo biológico.

Esto es, la teoría de sistemas actúa como herramienta del conocimiento en general, cuando su aplicación se realiza con la intención de hacer más comprensibles los fenómenos propios de otras ciencias, y, en particular, cuando se refiere a su propio entorno como teoría. De ahí que se corrobora la amplitud de su aplicabilidad. En consecuencia, el carácter integrador, interaccionista e interdisciplinario de la teoría de sistemas hace posible la confluencia de diversos sectores -en nuestro caso particular: docencia-comunidad-emprendimiento, en la búsqueda de mecanismos, estrategias y corrientes teóricas, que factibilicen la solución de problemas percibido de su realidad social.

BASAMENTO LEGAL

El Proyecto *"Integración de los Sectores Docencia-Comunidad para la Formación de Líderes en Gerencia Comunitaria a través de una Red de Microcentros"*, se encuentra fundamentado en la Constitución de la República Bolivariana de Venezuela (30/12/99), en los artículos correspondientes a Seguridad Social, numerales 80 al 86, en la Ley de Universidades (08/09/70), en la Ley Orgánica de Régimen Municipal, Decreto Nº 1297 del 15 de junio de 1.989 y actualmente, en la ley de Servicio Comunitario del Estudiante de Educación Superior (14/09/05).

CONCEPCIÓN DEL PROYECTO

Este plan inicialmente dirigido a profesionales, técnicos, educadores y líderes comunitarios, mediante la elaboración de un diseño y una estrategia para la integración de los sectores Universidad-Comunidad a través de la creación de una Red de Microcentros, exigió para su implantación de talleres de capacitación y formación de agentes multiplicadores (líderes comunitarios), cuya responsabilidad se orientó hacia la promoción de la Educación para la Acción Social a través de la discusión y análisis de diversas alternativas que facilitarán la participación activa e incorporación permanente de recursos humanos de las comunidades en la Red de Microcentros.

A tal efecto, la Red de Microcentros para la integración Universidad-Comunidad, está dirigida a formar líderes comunitarios, para dar respuestas a las circunstancias actuales que vive nuestro país y por ende a las exigencias de las distintas comunidades involucradas. Dichos líderes recibieron a través de la Universidad Santa María (USM) una formación mediante estrategias curriculares basadas en talleres y conferencias, así como, elaboración de proyectos muy específicos, los cuales posteriormente debían ser puestos en marcha por los participantes en sus respectivas comunidades.

La Red de Microcentros bajo una concepción sistémica, permite cada uno de los elementos que la integran interactúen como parte de un todo y de manera interrelacionada, en donde cada uno de los entes Docencia-Comunidad influye sobre el otro con el propósito común de incentivar la participación comunitaria, en la prevención o solución de sus problemas y como un recurso de ayuda familiar para fomentar todas aquellas acciones conducentes al logro de tal objetivo.

Esta participación en forma consciente y organizada indiscutiblemente redunda en el desarrollo integral de las comunidades y éstas a su vez, en beneficio de las familias que la componen.

Desde esta perspectiva, se conceptualiza la acción comunitaria como una forma de promover la integración familiar para propiciar una relación armónica entre las universidades y las comunidades a través de experiencias que puedan desarrollar en el individuo intereses y actitudes para el mejoramiento de su calidad de vida; así como, un mecanismo para impulsar a las comunidades para que actúen responsablemente a través de la educación. En tal iniciativa, subyacen los cimientos de un hombre nuevo, responsable, consciente de la importancia de la participación ciudadana, preocupado por su comunidad y que aporta soluciones a los problemas de su comunidad.

IMPLANTACIÓN DEL PROYECTO

Experiencia en la Universidad Santa María USM (1998-2002)

El curso de Gerencia Comunitaria auspiciado por la Universidad Santa María, se dictó de manera totalmente gratuita por los profesores adscritos al Postgrado de la Universidad, todos los martes de 9 a.m. a 1 p.m en la Sede de Postgrado de la Universidad ubicada en El Paraíso-Caracas, razón por la cual los participantes inscritos en los cursos estaban exentos de pago. El único requisito para incorporarse al curso era el de estar acreditado como líder comunitario activo, mediante una constancia expedida por una Junta Parroquial, Junta de Vecinos, Junta de Condominio, Consejo Comunal, o propuesto para ser inscrito en los cursos mediante comunicación escrita expedida por una Alcaldía, Consejo Municipal, Gobernación o Ministerio.

Esta situación explica la heterogeneidad de los participantes en los distintos cursos, de esta manera, se tienen como asistentes sujetos que no son bachilleres, así como, estudiantes universitarios de pregrado o postgrado, y profesionales en distintas áreas, respondiendo tal circunstancia al concepto de pluralidad participativa.

9

Con estas características, el curso de Gerencia Comunitaria se desarrolló ininterrumpidamente durante 4 años, llegando a contar con 5 niveles de capacitación. Cada nivel tenía una duración promedio de 110 horas teórico-prácticas, siendo requisito para avanzar de un nivel a otro, la presentación de un proyecto factible de ser aplicado en la comunidad de origen del participante y donde la complejidad del proyecto dependía del nivel en el cual se hallaba inscrito dicho participante.

A continuación se presenta un cuadro donde se encuentran reseñados los Distritos hasta los cuales se extendió el Proyecto en la Gran Caracas, auspiciado por la Universidad Santa María (USM).

DISTRITOS SANITARIOS DE LA GRAN CARACAS ABARCADOS

SECTOR	ZONA	PROYECTOS	APOYO INSTITUCIONAL
Maripérez	Norte	Villa Esperanza Rescate de los Niños, Casa de Atención Integral a Personas de la Tercera Edad, Centro de Atención Integral, Taller de Lencerías, Bibliotecas Comunitarias; Combatir el uso ilícito de las Drogas, Cooperativa Alegría de Vivir, Seguridad Preventiva.	INCA, INAM, INCE, PTJ,, Jefatura Civil, P.M., Alcaldía, Cuerpo de Bomberos del D.F.
Catia	Oeste	Prevención del Embarazo Precoz en Adolescentes, Seguridad Social, Canalización de Aguas Negras, Escuela de Padres, Escuela para Padres, Cooperativa Alegría de Vivir, Red Cultural, Seguridad Preventiva.	Alcaldía, Policía Metropolitana, Hidrocapital, Jefatura Civil, INAM, Jefatura Civil, INAM, FUNDARTE,
Antímano	Oeste	Casa Comunitaria, Seguridad Social, Consejo Deportivo Comunal, Centro de Formación Comunitaria, Recuperación de Campos Deportivos, Bibliotecas Integrales Bolivarianas, Nueva Visión de la Comunidad, Escuela de Padres, Cooperativa Alegría de Vivir, Desarrollo dela Comunidad, Ambulatorios para Niños, Seguridad Preventiva	Alcaldía, Policía Metropolitana, Ministerio de Educación, Cultura y Deportes, Jefatura Civil, INAM, Juntas Parroquiales, IVSS .
El Valle	Sur-Oeste	Creación de Centro de Formación Integral, Creación de Centro	INCE, Alcaldía, IVSS, Jefatura Civil, INAM,

		Comunitario, Comedor Popular para los Ancianos, Modulo Básico de Psicoterapeuta, Escuela de Padres, Cooperativa Alegría de Vivir, Seguridad Preventiva	P.M, P.T.J
Petare	Este	Voluntariado para la Acción Comunitaria, club para Personas de la Tercera Edad, Centro de Integración Comunitaria, Frente Nacional por la Vida y la Salud, Cooperativa Alegría de Vivir, Seguridad Preventiva.	Alcaldía, Grupo Polar, FUNDARTE, El CONAC, Asamblea Nacional, Jefatura Civil, P.M.

Fuente: J.J. Simonovis R. (2002)

Experiencia en el Colegio Universitario de Los Teques "Cecilio Acosta" CULTCA (2003-2004)

La experiencia en esta institución fue corta pero enriquecedora, allí se contó con el apoyo de la Coordinación de la mención de Enfermería, la Coordinación de la mención de Terapia Ocupacional, la Coordinación de la mención de Deportes y del Presidente de "FUNDACA", sin embargo, no fue posible involucrar en el Proyecto a las autoridades de la Institución.

En esta oportunidad se trabajó mancomunadamente con los alumnos del quinto y sexto semestre las Menciones: Enfermería, Terapia Ocupacional y Deportes, quienes colaboraron con la aplicación de instrumentos tales como: Encuesta, Ficha Clínica y Evaluación Física, instrumentos aplicados a los adultos de la tercera edad y a los niños residentes en las comunidades del Barbecho, Pan de Azúcar, La Matica, La Macarena Norte y Sur y los Nuevos Teques. Igualmente se estableció un primer contacto con los líderes de las mencionadas comunidades con quienes fue posible realizar reuniones en la sede de FUNDACA (Fundación Universitaria "Cecilio Acosta) ubicada en la Calle Alí Primera de Los Teques, Estado Miranda. Mediante la aplicación de los instrumentos fue posible hacer una clasificación de los problemas existentes en las comunidades mencionadas como se refleja en el siguiente gráfico.

Indicadores

Problemas Sociales
- Economía informal
  - Profesión u Oficio
  - Ocupación
- Inseguridad
  - Índice de delincuencia
  - Motivos de inseguridad

Problemas de Salud
- Asma
- Neumonía
- Dengue
- Cólera
  - Medidas higiénicas
  - Densidad poblacional
  - Condiciones de salubridad
  - Servicios existentes
  - Tipo de vivienda
  - Condiciones de habitabilidad

Problemas Ambientales
- Contaminación
  - Aguas Negras
  - Ruido
  - Basura
    - Principales actividades Económicas del Sector
    - Densidad poblacional
    - Tipo de zonificación
    - Servicios existentes
    - Nivel de escolaridad

Fuente: J.J. Simonovis R. 2004

METODOLOGÍA DE LOS CURSOS

El modelo curricular aplicado en el diseño de los cursos es de carácter abierto, dinámico y participativo, el cual se ajusta a las exigencias del trabajo comunitario donde se concibe al hombre como un miembro activo de la comunidad, envuelto por su entorno y con responsabilidades en él.

En consecuencia, la metodología de trabajo empleada fue la andragógica, metodología propia del adulto en situación de aprendizaje, un sujeto con características y necesidades propias y por ende diferente a las del niño y el adolescente.

Objetivo del Curso

Formar líderes comunitarios que respondan a las necesidades sentidas por sus comunidades como a las exigencias del país en tiempos de postmodernidad.

Antecedentes

El curso se inicio en la Universidad Santa María (USM) con un grupo aproximado de 40 líderes comunitarios y a la fecha de su cierre contaba con cinco   Niveles, repartidos de la siguiente forma:

NIVEL	HORAS	PARTICIPANTES
I	90	180
II	120	480
III	110	330
IV	120	60
V	120	90
TOTAL	560	1140

Fuente: J.J. Simonovis R, (2002)

Es importante destacar que a la fecha de su cierre habían egresado 250 participantes.

De otra parte, el Proyecto aplicado a través del Colegio Universitario de Los Teques "Cecilio Acosta" (CULTCA), logró llegar a las comunidades del Barbecho, Pan de Azúcar, La Matica, La Macarena Norte y Sur y los Nuevos Teques; comunidades que fueron beneficiadas a través de la participación activa y conjunta de los alumnos que planificaron sus trabajos de grado, en función de las necesidades detectadas en aquellas comunidades y bajo la supervisión y asesoría constante de los profesores que actuaron como tutores.

CONCLUSIONES

La aplicación del Proyecto *"Integración de los Sectores Docencia-Comunidad para la Formación de Líderes en Gerencia Comunitaria a través de una Red de Microcentros"*, representa un aporte teórico-práctico que profundiza un aspecto aún no suficientemente debatido, como lo es la participación de la Comunidad en la prevención y solución de sus problemas.

A través de los cursos de Gerencia Comunitaria, los participantes tuvieron la oportunidad de adquirir destrezas en el manejo de diversas metodologías para la presentación de proyectos, aprendizaje que igualmente les permitió obtener financiamiento del mismo, a nivel Nacional, como Internacional.

La aplicación del Proyecto de manera ininterrumpida durante cuatro años en la Universidad Santa María, incentivó nuevas ideas en los estudiantes de Postgrado, quienes las han desarrollado y traducido en Tesis Doctorales congruentes con una de las líneas de investigación de la Universidad, como lo es la denominada: "La sociedad involucrada en el proceso educativo"; varias de las cuales han sido presentadas en eventos dentro y fuera de la Universidad.

Igualmente, los estudiantes de Pregrado del Colegio Universitario "Cecilio Acosta" de los Teques beneficiaron a distintas comunidades mediante la aplicación de sus proyectos dirigidos a satisfacer las necesidades detectadas en las mismas y traducidos en su trabajo de grado.

Las comunidades también se han visto favorecidas porque sus líderes a través de la interacción con otros líderes de diferentes comunidades pudieron ampliar su visión con respecto a las estrategias que aplicadas de manera mancomunada, pueden prevenir y en otros casos atacar los problemas generados en las comunidades, solucionando ellos sus problemas.

De otra parte, resulta interesante reseñar diversos datos obtenidos mediante la aplicación del Proyecto los cuales permiten visualizar el grado de participación y de compromiso que se logra con acciones de este tipo, e independientemente del nivel social al que se pertenece o del nivel educativo logrado.

A. Datos Sociodemográficos

Los líderes comunitarios que participaron como resultado de la aplicación del Proyecto provenían de diferentes estratos sociales de los Sectores que conforman los Distritos Sanitarios de la ciudad de Caracas y sus Parroquias como por ej: El Cafetal, San Bernardino, La Pastora, El Polvorín, Manicomio, Lídice, Los Erasos, Catia, Los Magallanes, Ruperto Lugo, Pérez Bonalde, El Recreo, Altagracia, La Vega, Los Mangos, Santa Rosalía, Carapita, 23 de Enero, Caricuao, Macarao, Kennedy, El Junquito, Sabaneta, San Juan, La Candelaria, Santa Teresa, Santa Rosalía, Pedro Camejo, Antímano, Carapa, El Paraíso, Montalban I, Montalban II, Montalban III, El Naranjal, Loira, San Pedro, San Martín, Los Sin Techo, San Agustín, San Agustín del Norte, El Cementerio, Santa Mónica, 1° de Mayo, El Valle, 5 de Julio, Los Jardines del Valle, Cerro Grande, Coche, Petare, José Félix Rivas, Filas de Mariches, etc.

En su totalidad, asistieron a los Cursos de capacitación en Gerencia Comunitaria auspiciados por la Universidad Santa María (USM) y bajo Convenio con la Alcaldía de Caracas, 590 líderes comunitarios. La condición de líder estaba avalada mediante credencial que los identificaba como miembro activo de la asociación de vecinos, de su comunidad o como trabajador de la Alcaldía de Caracas en un programa comunitario.

El 63% de los líderes comunitarios eran profesionales universitarios en diversas áreas del conocimiento a saber: Profesores, Licenciados en Trabajo Social, Licenciados en Educación, Abogados y Sociólogos, así mismo, Técnicos Superior Universitario (TSU) en: Relaciones Públicas y en Administración. El 13% se encontraban cursando estudios universitarios y un 11% eran Bachilleres, mientras que el 13% restante correspondía a individuos que no culminaron el bachillerato o con nivel de educación básica.

El 98 % de los líderes comunitarios expresaron estar casados, todos conformaban un hogar y sus edades promedio oscilaban entre 35 años para las damas y 38 años para los caballeros. En tanto que los grupos familiares de los sujetos estaban constituidos por miembros de la familia con distintos grados de consanguinidad.

B. Datos Socioeconómicos

El ingreso promedio mensual del núcleo familiar del 53% de los sujetos que participaron según lo expresan los datos obtenidos mediante la aplicación de encuestas, se ubica entre 201.000 y 300.000 bolívares; un 20 % entre Bs. 401.000 y más con la particularidad de que en este rango seis sujetos expresaron que su ingreso familiar era de 800.000 bolívares; un 15 % manifiesta obtener ingresos familiares entre 101.000 y 200.000 bolívares, mientras que el 12% restante expresa que su ingreso familiar se ubica en la categoría 301.000 y 400.000 bolívares

En cuanto a los problemas sociales más resaltantes en sus comunidades, los participantes reseñaron los juegos ilícitos con un índice de 100%, esto permite entrever una problemática común en todas las comunidades, seguida por los delitos contra la propiedad privada con un índice de incidencia del 96% y en un tercer lugar queda ubicada la drogadicción con un índice igualmente significativo que representa el 89%.

C. Datos Ambientales

Las condiciones de vida de los sujetos beneficiados mediante la aplicación del Proyecto Proyecto *"Integración de los Sectores Docencia-Comunidad para la Formación de Líderes en Gerencia Comunitaria a través de una Red de Microcentros"*, parecen ser aceptables, conclusión que se infiere si se tienen en cuenta las condiciones de vida que expresaron tener un 85% de los encuestado, e igualmente en atención al tipo de vivienda y a los servicios con los que afirman contar a través del instrumento aplicado, así como por otros indicadores sobre el particular. Sin embargo, existen datos que indican la confluencia de diversos estratos sociales como se indicó en el aparte sobre datos sociodemográficos y sobre el nivel educativo existente entre el conjunto total de individuos pertenecientes a la muestra.

D. Datos de participación Social

En atención a exigencias para ser incluidos como participantes, se evidenció que el 96 % de los líderes comunitarios son miembros que participan activamente en alguna de las organizaciones comunitaria del sector en donde habitan, mientras que sólo un 4 % no participan activamente en su comunidad en virtud de que en las mismas no existe ningún tipo de organización comunitaria; sin embargo, se desempeñan como trabajadores de la Alcaldía de Caracas y participan en acciones comunitarias en otros grupos sociales.

RECOMENDACIONES

En virtud de lo ante expuesto se recomienda lo siguiente:

- Implementar a través de las instituciones universitarias el Proyecto "Integración de los Sectores Docencia-Comunidad para la Formación de Líderes en Gerencia Comunitaria a través de una Red de Microcentros", dado que el mismo responde a las exigencias de la Ley de Servicio Comunitario del Estudiante de Educación Superior y promulgada el 14-09-05.
- Continuar promoviendo la capacitación de los líderes comunitarios como agentes multiplicadores bajo una concepción andragógica y como la alternativa más viable para seguir impulsando la integración de los sectores universidad-comunidad.
- Incorporar paulatinamente en los talleres de capacitación a los demás miembros de las comunidades a través de la red de microcentros y mediante la participación activa de los agentes multiplicadores y demás entes vivos de las comunidades, en su rol de hombres responsables, concientes de la importancia de su entorno, preocupados por la comunidad y capacitados para aportar soluciones a sus problemas.
- Promover la interacción eficaz de equipos interdisciplinarios en las distintas comunidades compuestos por docentes, líderes comunitarios, voluntarios y demás entes vivos, para que a través de una labor conjunta y de constante

interacción e integración constructiva, logren contrarrestar los problemas que presente la comunidad de la cual son miembros.

- Velar por la actualización constante de los contenidos y recursos empleados en los talleres de capacitación mediante la incorporación de acciones dirigidas hacia el desarrollo de la sensibilización, concientización y compromiso; bajo coordinación dinámica de los microcentros a través de su centro piloto y auspiciado por las Universidades.

BIBLIOGRAFÍA

Adam, F. (1977). *Andragogía.* Publicaciones de la Presidencia. Universidad Nacional Experimental Simón Rodríguez. Caracas.

Bertalanffy L. (1974). *Perspectives on General Systems Theory. Scientific-Philosophical Studies,* E. Taschdjian (eds.), New York: George Braziller,

Chiavenato, I (1994). *Introducción a la Teoría General de la Administración.* McGranHill; México.

Gaceta Oficial N° 36.860 (30/12/99). *Constitución de la República Bolivariana de Venezuela.* Imprenta Nacional. Caracas.

Gaceta Oficial Extraordinario N° 1429 (09/09/70). *Ley de Universidades.* Imprenta Nacional. Caracas.

Gaceta Oficial N° 38.272 (14/09/05). *Ley de Servicio Comunitario del Estudiante de Educación Superior.* Imprenta Nacional. Caracas.

Gaceta Oficial Extraordinario N° 4.109 (15/6/89). *Ley Orgánica de Régimen Municipal* Reglamento Parcial N° 1 Sobre la Participación de la Comunidad Decreto N° 1297. Imprenta Nacional. Caracas.

Johnson, R.a. y otros. (1994). *Teoría, Integración y Administración de Sistemas.* Limusa, México.

Koontz/O´Donnel. (1995). *Administración.* McGrawHill, México.

Pender, N. (1987). *Health Promotion in Nursing Practice.* Segunda edición. Appleton & lange. New York, E.U.A.

Rivas Balboa, C. (1996). *Un Nuevo Paradigma en Educación y Formación de Recursos Humanos.* Cuadernos Lagoven.

Rodrigo, M. y Arnay, J. (1997). *La Construcción del Conocimiento Escolar.* Editorial Paidós. Barcelona. España.

Tamayo y Tamayo, M. (1998). *El Proceso de la Investigación Científica.* Editorial Limusa S.A. Tercera Edición. México.

CURRÍCULUM VITAE

Dr. JAIRO J. SIMONOVIS ROJAS (PD)

Profesor jubilado de la Universidad Politécnica Territorial de Los Altos Mirandinos "Cecilio Acosta" de Venezuela, con la categoría de Titular. Lic. en Educación, con estudios en Especialización y de Maestría en Psicología. MSc. en Currículo, Dr. en Educación, Postdoctor en Educación Latinoamericana. Algunos cargos desempeñados: Representante del Consejo Nacional de Universidades en el Estado Trujillo, Miembro de la Comisión de la Dirección Sectorial de Educación Superior del Ministerio de Educación, Miembro del Consejo Académico, Coordinador de la Subcomisión de Currículo, Coordinador de Investigación, Coordinador de Planificación Curricular y Proyectos Académicos, Miembro del Comité Académico Doctoral de la Universidad Bicentenaria de Aragua. Presidente Fundador de la Red de Investigadores en Educación de América y El Caribe (RIEAC) y Editor de la Revista "RIEAC-Revista de Investigación". Profesor de postgrado de diferentes universidades venezolanas. Asesor y jurado de trabajo de grado y tesis a nivel de pregrado y postgrado. Conferencista invitado en diversos Países de América Latina y El Caribe. Autor de diversos artículos publicados en revistas especializadas.